Kapitel 1

Don Quichotte* war ein armer spanischer Edelmann, der für sein Leben gern ein Ritter gewesen wäre. Ein Ritter in voller und blitzender Rüstung, mit Lanze, Schild und Schwert und auf einem feurigen Hengst. Obwohl es zu seiner Zeit, vor etwa vierhundert Jahren, solche Ritter schon lange nicht mehr gab!

* sprich: Donn Kischott

Nun hätte das keinerlei Aufsehen erregt, wenn Don Quichotte seine Ritterträume hübsch für sich behalten und zu Hause im Lehnstuhl geträumt hätte.
Doch so bequem machte er es sich und den anderen nicht!
Er dachte nicht:

Ach, wäre ich doch ein tapferer Ritter!
Ach, könnte ich den Schwachen und Bedrängten helfen!
Ach, hätte ich doch verwegene Feinde, um sie zu besiegen!

Nein, er hielt gar nichts von Wäre und Könnte und Hätte! Sondern er erhob sich aus seinem Lehnstuhl,
schlug mit der Faust auf den Tisch und rief blitzenden Auges:

Ich bin ein Ritter! Ich habe Feinde!
Und ich werde den Schwachen helfen!

Dann holte er die eiserne Rüstung seines Urgroßvaters vom Boden, putzte und kratzte den Staub, die Spinnweben und den Rost weg, reparierte den Helm und das Visier[1] und kletterte in die Rüstung hinein.

Er band den Helm fest, zog sein Pferd Rosinante aus dem Stall, das so dürr war wie er selber, stieg ächzend hinauf, setzte sich zurecht und ritt davon.

Die Abenteuer, die er erlebte, hat Miguel de Cervantes[2] zum ersten Mal aufgeschrieben. Und er hat in dem Buch behauptet, schuld an Don Quichottes seltsamen Taten wären die zahllosen Ritterromane gewesen, die damals in Mode waren und die er allesamt gelesen hätte.

Fortsetzung folgt

1 beweglicher Teil eines Helms mit Sehschlitz
2 sprich: Sserwantes; spanischer Schriftsteller, der um das Jahr 1600 lebte

1. **Don Quichotte hat alles, was ein Ritter braucht.**
   Was braucht ein Ritter?
   Schreibe auf die Linien.
   Tipp: Lies dazu auf Seite 3 nach.

2. **Was ist das Seltsame an Don Quichottes Wunsch, ein berühmter Ritter zu werden? Kreuze an.**

- ❑ Nur Edelleute konnten Ritter werden,
  Don Quichotte war aber ein Bauer.
- ❑ Als Don Quichotte lebte,
  gab es schon lange keine Ritter mehr.
- ❑ Don Quichotte war nicht mutig genug,
  um Ritter zu werden.

3. Don Quichotte träumt oft vom Ritterleben. Woher könnte er das Ritterleben kennen? Male einen passenden Gegenstand in seine Hand. Ergänze den Satz.

Er könnte das Ritterleben aus ______________________ kennen.

4. In welcher Zeit würdest du gern leben?

a) Markiere die entsprechende Stelle.

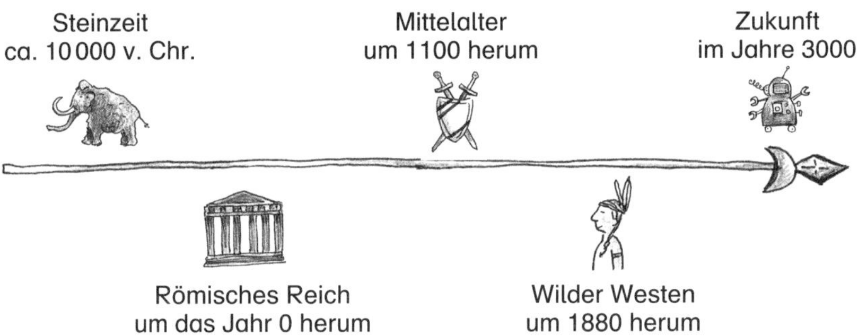

b) Welches Abenteuer würdest du in dieser Zeit gern erleben? Erfinde ein Abenteuer. Erzähle einem anderen Kind davon.

5. Don Quichotte sagt: „Ich bin ein Ritter!“ Er sagt nicht: „Ich wäre so gern ein Ritter.“ Was ist der Unterschied? Überlegt gemeinsam.

Kapitel 2

Die Haushälterin und deren Nichte[1] suchten ihren Herrn und Gebieter wie eine Stecknadel. Und als sie ihn nicht finden konnten, holte die Nichte seine Freunde herbei, den Pfarrer und den Barbier[2].

Nun suchten sie zu viert. Doch sie fanden nur heraus, dass auch das Pferd verschwunden war. Da begannen sie sich Sorgen zu machen und zu warten. Doch sie warteten vergeblich.

1 Tochter der Schwester, des Bruders, der Schwägerin oder des Schwagers
2 veraltetes Wort für Herrenfriseur

Inzwischen ritt Don Quichotte auf seiner dürren Rosinante über staubige Straßen und an Feldern und Wäldern vorbei, der Stadt Sevilla* und seinen zukünftigen Abenteuern entgegen.

Keine Wolke stand am tiefblauen Himmel. Die Sonne brannte. Ross und Reiter hatten schrecklichen Durst. Aber nirgends floss ein Bach und nirgends stand ein Wirtshaus. Nicht einmal den Helm konnte Don Quichotte abnehmen. Denn er hatte ihn mit Bändern unterm Kinn fest zugeknotet, und nun konnte er die Knoten nicht wieder aufknüpfen!

Der Schweiß brannte ihm in den Augen und lief ihm den Rücken hinunter. Doch er biss die Zähne zusammen und dachte: Ein rechter Ritter darf nicht murren. Plötzlich zuckte er vor Schreck zusammen und rief laut: „Ich bin ja noch gar kein Ritter!" Da erschrak auch das Pferd und galoppierte zehn Minuten lang, als sei es von einer Hummel gestochen worden. Dann blieb es, mit heraushängender Zunge, stehen.

* sprich: Ssewija

„Ich bin ja noch gar kein Ritter“, wiederholte Don Quichotte betrübt. „Mir fehlt ja noch der Ritterschlag*!“ Er warf den Kopf zurück, dass der reparierte Helm schepperte. Stolz sagte er zu sich selbst: „Der erste Mann, der mir begegnet, soll mich zum Ritter schlagen!“

Der erste Mann, der ihm begegnete, war ein dicker Wirt, der mit ein paar Eselstreibern und zwei Kellnerinnen vor seiner Kneipe saß.

Fortsetzung folgt

* Ein Ritter muss als Zeichen für das Ende seiner Ausbildung mit dem Schwert zum Ritter geschlagen werden. Mit dem Ritterschlag ist er in den Ritterstand aufgenommen.

1. **Wie eine Stecknadel suchen die Freunde Don Quichotte. Es ist nicht einfach, den dürren Ritter zu finden. Wo ist Don Quichotte? Markiere ihn im Bild.**

2. **Wer sind die Personen, die Don Quichotte suchen? Lies auf Seite 8 nach und kreuze an.**

- ❑ die Haushälterin von Don Quichotte
- ❑ der Nachbar von Don Quichotte
- ❑ die Tochter der Haushälterin
- ❑ die Nichte der Haushälterin
- ❑ der Pfarrer
- ❑ der Barbier

3. Wie heißt das Pferd von Don Quichotte? Male das richtige Schild der Stalltür farbig aus.

4. Hier siehst du eine Karte von Spanien. In welcher Stadt hofft Don Quichotte Abenteuer zu erleben? Lies auf Seite 9 nach und markiere die Stadt.

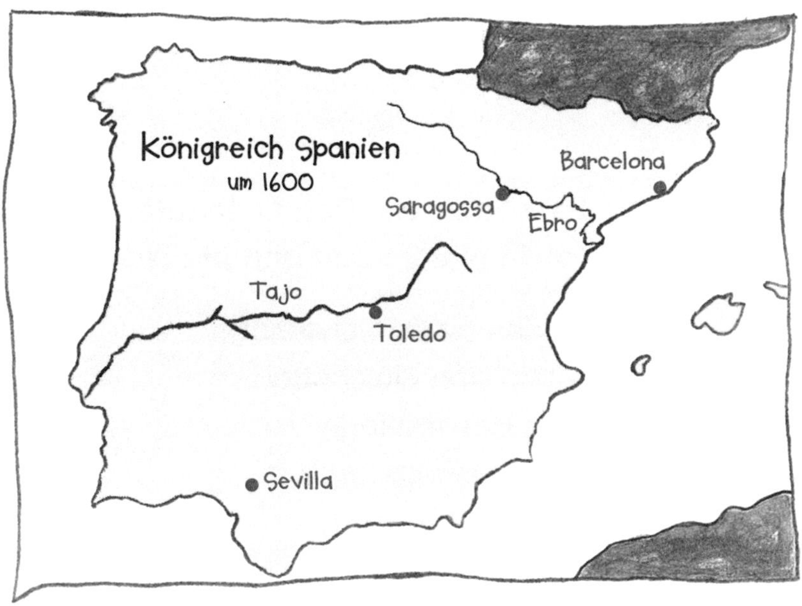

5. **Bei welchem Wetter macht sich Don Quichotte auf den Weg? Male das passende Bild aus.**

6. **Don Quichotte hat großen Durst.**
Er findet aber kein Wasser und denkt:
Ein rechter Ritter darf nicht murren.

a) **Meint ihr das auch? Unterhaltet euch darüber.**

b) **Wie sollte sich ein rechter Ritter verhalten?**
Welche Eigenschaften sollte er haben?
Sammelt eure Vorschläge auf einem Plakat.

7. **Don Quichotte zuckt zusammen. Was fehlt ihm als Ritter noch? Schreibe in die Sprechblase.**
Tipp: Lies dazu auf Seite 10 nach.

Mir fehlt ja noch

______________________________________!

Kapitel 3

Don Quichotte hielt die Kneipe für ein altes Kastell[1], den Wirt für den Burgherrn und die Kellnerinnen für Schlossfräulein[2]. Als man ihm vom Gaul geholfen hatte, kniete er vor dem Wirt nieder und bat diesen, ihn feierlich zum Ritter zu schlagen, da er vorher weder die Armen verteidigen noch die Bösen zerschmettern dürfe.

1 ein anderes Wort für Burg
2 Fräulein ist eine veraltete Bezeichnung für eine unverheiratete Frau.

Der Wirt, der nicht wusste, ob er lachen oder sich fürchten sollte, sagte Ja und fügte noch hinzu: „Sie müssen aber bis zum nächsten Sonnenaufgang warten, das ist bei einem Ritterschlag üblich. Und der Kandidat muss die Nacht über seine künftigen Waffen bewachen, möglichst in einer Kapelle. Nun habe ich zwar keine Kapelle, aber der Burghof eignet sich genauso gut.“

„Burghof“, sagte der Wirt, weil der seltsame Gast das Wirtshaus für eine Burg hielt.

Don Quichotte war einverstanden, erhob sich von seinem Kniefall und setzte sich zu Tisch. Es gab Stockfisch, hartes Brot und sauren Wein, und die Kellnerinnen wollten ihm den Helm abnehmen. Doch auch sie bekamen die Knoten nicht auf.

So mussten sie den künftigen Ritter, der den Mund nur einen Spalt öffnen konnte, bissenweise füttern, und den Wein trank er mit einem Strohhalm.

Nachts ging er dann im Hof wachsam auf und ab.
Den Harnisch[1] hatte er behutsam auf den Viehtrog
neben dem Brunnen gelegt.
Die Lanze hielt er aber im Arm,
und das war gut so.

Denn ein paar Stunden später
kamen zwei Eseltreiber zum Brunnen,
um ihre Maultiere[2] zu tränken.
Da sie den Trog mit Wasser füllen wollten,
warfen sie den Harnisch achtlos auf die Erde.
Das hätten sie nicht tun sollen!

Schon war Don Quichotte zur Stelle und
schlug ihnen mit der Lanze über den Kopf.
Sie fielen um und schrien wie am Spieß.
Der Wirt sprang aus dem Bett,
rannte in den Hof hinunter,
sah die Bescherung und rief:
„Es ist so weit, edler Herr! Kniet nieder!
Die Sonne geht auf!“

1 Teil der Rüstung, der die Körpermitte bedeckt
2 Ein Maultier ist eine Kreuzung zwischen Eselhengst und Pferdestute. Maultiere werden von Treibern vorangetrieben.

Da stieg Don Quichotte in seine Rüstung, kniete nieder und ließ sich von dem dicken Wirt, der dabei allerlei murmelte und ihm mit dem Schwert auf die Schulter klopfte, zum Ritter schlagen. Ihm war sehr feierlich zumute.

Anschließend bedankte sich Don Quichotte tausendmal, nahm seine Waffen, stieg auf sein Pferd Rosinante und ritt, vom Gelächter der Kellnerinnen und von den Flüchen der Eseltreiber begleitet, aus dem Tor. Endlich war er ein richtiger Ritter!

Fortsetzung folgt

1. **Wen oder was hält Don Quichotte wofür?**

a) **Verbinde die Kneipe und die Personen mit den Bildern, die Don Quichotte im Kopf hat.**

b) **Schreibe die Wörter aus dem Kasten zu den Traumblasen.**

Schlossfräulein / Burgherr / Kastell

Kneipe

Wirt

Kellnerin

2. **Don Quichotte wird geholfen, von Rosinante abzusteigen. Was tut er jetzt? Ergänze den Text. Tipp: Lies dazu auf Seite 14 nach.**

Don Quichotte ____________________ vor dem Wirt

nieder und ____________________ diesen,

ihn zum ____________________ zu schlagen, da er

vorher weder die ____________________ verteidigen

noch die ____________________ zerschmettern dürfe.

3. **Zum Abendessen gibt es ein spanisches Fischgericht. Was bringt die Kellnerin? Löse das Bilderrätsel. Schreibe die Antwort auf den Speisezettel.**

4. Don Quichotte braucht ein Hilfsmittel, um zum Abendessen etwas trinken zu können. Was ist es? Schreibe auf die Linie und male es in den Becher.

____

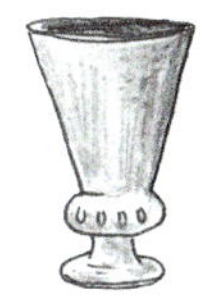

5. Don Quichotte soll im Hof seine Waffen bewachen. Was geschieht in der Nacht? Kreuze an, was richtig und was falsch ist.

	richtig	falsch
Don Quichotte legt die Lanze auf den Viehtrog neben dem Brunnen.	❑	❑
Im Arm hält er seinen Helm.	❑	❑
Zwei Eseltreiber kommen zum Brunnen, um ihre Maultiere zu tränken.	❑	❑
Die Eseltreiber greifen den Ritter an.	❑	❑
Don Quichotte schlägt den Eseltreibern mit der Lanze über den Kopf.	❑	❑
Der Wirt schlägt Don Quichotte zum Ritter.	❑	❑

**6. Der Wirt schlägt Don Quichotte zum Ritter.
Don Quichotte ist so stolz, dass er
nur an sein künftiges Ritter-Dasein denkt.**

a) Überlege mit einem anderen Kind:
- **Was könnte der Wirt beim Ritterschlag murmeln?**
- **Woran könnte Don Quichotte denken?**

Tipp: Die Wörter und Sätze im Kasten helfen euch.

völlig verrückt / vertreibt mir meine Gäste / Was mache ich hier eigentlich? / Gefangene Prinzessinnen, ich komme! / Ich werde jeden Drachen besiegen!

b) Schreibe für jeden etwas auf.

c) Mache mit deinem Partnerkind ein Rollenspiel.

Kapitel 4

Wieder brannte die Sonne auf die spanische Hochebene. Rosinante trabte unermüdlich dahin, denn sie befand sich seit zwei Stunden auf dem Heimweg. Sie wollte in ihren Stall zurück. Aber Don Quichotte merkte das nicht.

Don Quichotte suchte in Gedanken nach einer edlen Dame, die er verehren und in deren Namen er kämpfen wollte.

Schließlich fiel ihm Aldonza Lorenzo ein. Das war ein hübsches, strammes Bauernmädchen aus dem Nachbardorf. Er war einmal in sie verliebt gewesen. Nur ihr Name war ihm nicht prächtig und fürstlich genug. Er grübelte, wie sie heißen solle.

Am besten gefiel ihm: Dulzinea von Toboso. Das klang herrlich! Und so gab er dem Gaul die Sporen, galoppierte über die Landstraße und rief wieder und wieder: „Dulzinea von Toboso ist die schönste und vornehmste Dame Spaniens!“

Unter diesem Ruf kam er an einen Kreuzweg, wo gerade sechs Reiter mit ihren Dienern und Maultier-Treibern hielten. Es waren wohlhabende Kaufleute aus Toledo. Sie wollten nach Murzia, um dort Seide einzukaufen.

„Dulzinea von Toboso ist die schönste und vornehmste Dame Spaniens!“, rief Don Quichotte. „Gebt Ihr das zu?“

Da sagte der eine Kaufmann: „Wir kennen sie ja gar nicht, Eure Dulzinea.“ Ein anderer sagte: „Zeigt uns ihr Bild. Vorher geben wir überhaupt nichts zu!“ Und der dritte rief spöttisch: „Vielleicht schielt sie und hat Zahnlücken!“ Und alle lachten.

Das war für Don Quichotte zu viel. „Das sollt Ihr büßen!“, donnerte er, legte seine Lanze ein und sprengte auf die Herren los. Es hätte recht übel ausgehen können.

Doch auf halbem Wege stolperte sein Gaul und fiel, samt dem Ritter, mitten auf die Straße. Don Quichotte wollte aufstehen. Er wollte zu Fuß für seine Dame kämpfen. Aber die Rüstung war zu schwer.

Und schon waren die Maultier-Treiber über ihm, zerbrachen seine Lanze, und prügelten auf ihn ein, dass ihm Hören und Sehen verging.

Als der arme Ritter wieder zu sich kam, waren die andern über alle Berge. Die Knochen taten ihm weh, und er stöhnte und ächzte zum Steinerweichen. Zum Glück ritt ein Bauer auf seinem Esel vorüber. Er half dem Pferd auf die Beine und erkannte Don Quichotte.

Der Bauer setzte ihn behutsam auf seinen Esel und lieferte Ross und Reiter vor dessen Haus ab. Es war schon dunkel. Die Haushälterin und die Nichte, der Pfarrer und der Barbier waren froh, den Ausreißer wieder daheim zu haben. Er war braun und blau am ganzen Körper. Sie steckten ihn ins Bett und machten kalte Umschläge.

Don Quichotte berichtete, dass er mit zehn gewaltigen Riesen gefochten hatte. Doch sie glaubten ihm nicht recht und gaben ihm Kamillentee zu trinken.

Fortsetzung folgt

1. **Rosinante trabt unermüdlich dahin. Zwei Wörter sind falsch in dem Satz. Streiche sie durch.**

   Don Quichotte und Rosinante reiten durch die **französische spanische Tiefgarage Hochebene**.

2. **Wohin trabt Rosinante? Schreibe weiter auf die Linie.**

Rosinante trabt ______________________

____

3. **Woran denkt Don Quichotte? Male die richtige Denkblase gelb aus und schreibe die Antwort auf die Linie.**

____

4. **Jede Zahl steht für einen Buchstaben. Wenn du das Rätsel gelöst hast, weißt du, wie Don Quichotte das Bauernmädchen nennt. Berate dich mit anderen Kindern. Schreibe den Namen in die Kästchen.**

4	21	12	26	9	14	5	1	22	15	14	20	15	2	15	19	15

5. **Macht das Zahlenrätsel in der Klasse: Jeder schreibt die Buchstaben von seinem Namen in den entsprechenden Zahlen auf. Schreibt auf kleine Zettel und mischt sie. Danach darf jeder einen Zettel ziehen und raten.**

6. **Immer wieder ruft Don Quichotte: „Dulzinea von Toboso ist die schönste und vornehmste Dame Spaniens!“ Die Kaufleute sind von Dulzineas Schönheit nicht überzeugt. Was sagen sie? Macht ein Rollenspiel zu der Szene. Tipp: Lest vorher auf Seite 24 nach.**

7. **Es kommt zur Prügelei. Was erzählt Don Quichotte darüber? Was erzählen die Kaufleute zu Hause? Sprecht in der Klasse darüber.**

Kapitel 5

Vierzehn Tage lang musste der Ritter das Bett hüten. Und die Haushälterin dachte schon, er habe von seinen Abenteuern genug. Doch eines schönen Morgens war er wieder verschwunden! Aber diesmal nicht nur er und das Pferd, sondern auch sein Nachbar Sancho Pansa, ein verheirateter Bauer, mit einem Esel.

Sancho Pansas Frau kam, samt den Kindern, zu Don Quichottes Haushälterin gelaufen. Sie weinten und schimpften durcheinander. Was, um alles in der Welt, war Sancho Pansa eigentlich eingefallen, den verrückten Ritter zu begleiten?

Nun, verrückt war der kleine, dicke Bauer nicht, aber er war, offen gestanden, ziemlich dumm. Und als ihm Don Quichotte erzählt hatte, er wolle Inseln und Königreiche erobern und ihn, den Knappen[1] und Stallmeister[2], zum Grafen oder König machen, da hatte der kleine Dicke nicht widerstehen können.

Gegen Abend näherten sich Don Quichotte und Sancho Pansa einem Hügel, auf dem dreißig bis vierzig Windmühlen standen. Da rief Don Quichotte: „Siehst du die Riesen auf dem Hügel?" Sancho Pansa kaute gerade etwas Brot und Schinken und sagte: „Riesen? Auf dem Hügel? Ich sehe nur Windmühlen!"

1 Ein Knappe ist ein junger Mann, der bei einem Ritter das Kämpfen erlernt.
2 Ein Stallmeister beaufsichtigt die Pferdeställe an einem adligen Hof.

„Riesen!“, rief der Ritter. „Und jeder hat vier Arme!“ „Nein“, sagte der Stallmeister kauend. „Es sind Windmühlen, und jede hat vier Flügel!“

Doch da legte sein Herr und Gebieter auch schon die neue Lanze ein. Er rief zum Hügel: „Im Namen der Dame Dulzinea von Toboso, ergebt Euch!“ Und er gab Rosinante die Sporen*.

Als Don Quichotte die erste Windmühle erreicht und die Lanze voller Wucht in einen Windmühlenflügel gebohrt hatte, kam plötzlich ein Wind auf. Die Flügel begannen sich zu drehen. Die Lanze zersplitterte. Und Ross und Reiter flogen in hohem Bogen durch die Luft und ins Feld.

Dort blieben beide liegen, als hätten sie sämtliche Knochen gebrochen! Sancho Pansa trabte erschrocken näher und rief schon von weitem: „Habt Ihr große Schmerzen?“

* kleine Metallrädchen an den Stiefelfersen; damit treibt der Reiter das Pferd an.

Don Quichotte setzte sich mühsam auf und sagte stolz: „Ritter haben keine Schmerzen. Und wenn sie doch einmal welche haben, klagen sie nicht.“ „Wie gut, dass ich kein Ritter bin!“, rief der kleine Dicke und half den beiden auf die Beine.

Als sie schließlich weiterritten, hing der Ritter schief und krumm im Sattel, und der Gaul humpelte. Weil es außerdem dunkel wurde, beschlossen sie draußen zu schlafen und ließen sich in einem Steineichenwald nieder.

Sancho Pansa aß und trank, legte sich hin und schnarchte, dass die Wipfel zitterten. Don Quichotte aß nichts, trank nichts und schlief nicht. Nachdem er einen kräftigen Zweig von einem der Bäume abgerissen und ihn als Lanze zurechtgeschnitzt hatte, saß er noch lange wach, grämte sich* über seine Niederlage und träumte von neuen Taten.

Fortsetzung folgt

---

* betrübt über etwas sein

1. **Don Quichotte muss 14 Tage lang das Bett hüten. Was bedeutet das? Kreuze an.**

- ❑ Er muss aufpassen, dass ihm keiner seinen Platz zum Schlafen wegnimmt.
- ❑ Er ist krank und muss im Bett bleiben.
- ❑ Er glaubt, dass das Bett ein Schatz sei, und will es deshalb hüten.

2. **Die Haushälterin freut sich, dass es mit Don Quichottes Abenteuern vorbei ist. Aber was passiert dann? Ergänze die richtigen Wörter.**

Eines ____________________ Morgens war
regnerischen / schönen

Don Quichotte wieder ____________________ !
verschwunden / krank

Aber diesmal nicht nur er und

____________________ , sondern auch
das Pferd / der Hund

sein ____________________ ,
Nachbar / Onkel

ein verheirateter ____________________ ,
Bauer / Graf

mit ____________________ .
einem Esel / einem Schaf

3. Wie heißt der Nachbar?
Löse das Rätsel.
Schreibe den Namen in die Kästchen.

~~4~~ + ~~1~~ ~~2~~ + o   ~~flöte~~ + ~~Mau~~ + a

4. Was erfährst du noch über den Nachbarn von Don Quichotte? Vervollständige den Steckbrief.

Name: ______________________________

Körper: ______________________________

Verheiratet: ❑ ja ❑ nein

Kinder: ❑ ja ❑ nein

Sonstiges: ______________________________

____

5. **Don Quichotte und Sancho Pansa reiten auf einen Hügel zu. Was sieht der eine, was der andere? Male auf die Hügel.**

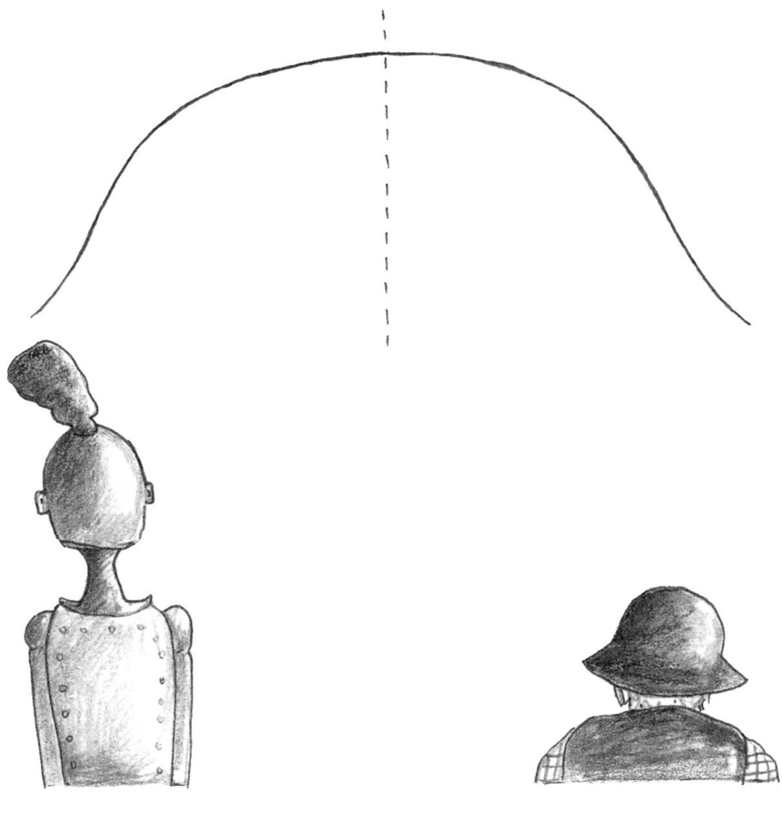

6. Don Quichotte nennt eine weitere Ritterregel. Ergänze sie.

Ritter haben keine

______________________________.

7. Als es dunkel wird, kampieren die Gefährten in einem Wald. Was genau tut jeder? Verbinde.

isst
isst nichts
trinkt
sitzt lange wach
legt sich hin
trinkt nichts
schnarcht
grämt sich
träumt von neuen Taten

Kapitel 6

Ein paar Tage später näherten sich Don Quichotte und Sancho Pansa dem Meer. Schon von weitem erblickten sie einen Hafen in der blauen Bucht. Und Don Quichotte meinte: „Hier an der Küste findet meine selbst geschnitzte Eichenlanze gewiss lohnende Ziele.“

Zu Sancho Pansa sagte er: „Nur eines musst du streng beachten. Du darfst, da du kein Ritter bist, nicht mit Rittern kämpfen, sondern nur mit Stallmeistern und Knappen!“

„Machen Sie sich deswegen keine Sorgen“, antwortete der kleine Dicke. „Ich werde mich weder mit Rittern noch mit Stallmeistern prügeln, denn ich bin ein friedlicher Mensch. Ich werde höchstens wütend, wenn man mich nicht in Ruhe lässt.“

Gegen Mittag begegneten Don Quichotte und Sancho Pansa einer größeren Karawane[1]. Vorneweg ritten zwei Mönche auf Maultieren. Und dahinter folgte, von Reitern begleitet, eine Kutsche, worin eine schöne Dame mit ihrer Zofe[2] saß. Die Dame reiste nach Sevilla, um dort ihren Mann zu treffen.

1 reisende Händler, Reisegesellschaft
2 Dienerin einer adligen Dame

„Siehst du die zwei Zauberer?“, fragte Don Quichotte aufgeregt. „Nein“, sagte Sancho Pansa, „ich sehe zwei Mönche.“ „Zauberer sind es!“, rief der Ritter. „Und sie entführen in der Kutsche eine Prinzessin!“ „Ach wo“, sagte sein Begleiter. „Das bilden Sie sich nur ein.“

Doch ehe er ausgesprochen hatte, sprengte Don Quichotte schon auf die verdutzte Gruppe los. Der erste Mönch fiel vor Schreck vom Esel. Der andere ritt ins Feld. Die Damen in der Kutsche schrien um Hilfe. „Ich komme ja schon!“, rief Don Quichotte. „Ich befreie Sie!“

Er zog sein Schwert und hielt den Schild vor die Brust. Einer der Reiter hob den Degen und benutzte ein Kutschkissen als Schild. Und schon klirrten die Waffen.

Don Quichotte und sein Gegner schlugen aufeinander ein, dass die Luft zitterte. Der Schild splitterte. Aus dem Kissen flogen Federn. Die Schwerter verbogen sich. Und mit einem Mal fielen ein halber Helm und Don Quichottes halbes Ohr auf die Straße.

Das machte den Ritter nur noch wütender. Er gab nicht eher Ruhe, bis der Gegner blutend und erschöpft vom Pferd fiel. Don Quichotte setzte ihm den Degen auf die Brust und ließ ihn und die Dame und die Zofe und die Reiter und die beiden Mönche feierlich schwören, sich auf der Stelle nach Toboso zu begeben. Sie sollten dem Fräulein Dulzinea berichten, wie heldenhaft ihr Ritter gekämpft habe.

Die anderen schworen in ihrer Herzensangst alles, was er hören wollte, und machten sich schleunigst aus dem Staube. Sie fuhren und ritten aber ganz und gar nicht nach Toboso, sondern nach Sevilla, ihrem Reiseziel.

Fortsetzung folgt

1. Wo kommen Don Quichotte und Sancho Pansa ein paar Tage später an?

a) Kreuze das passende Symbol an.

b) Schreibe die Antwort auf die Linien darunter.

☐ 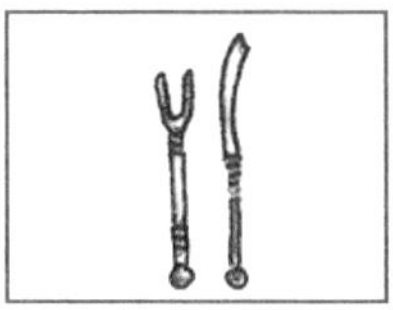 ☐  ☐ 

2. Don Quichotte spricht von Zielen für seine Lanze, die sich lohnen.

a) Was möchte er treffen? Schreibe in die Lanze.

b) Was wird er womöglich in Wahrheit treffen? Male Beispiele unter die Lanze.

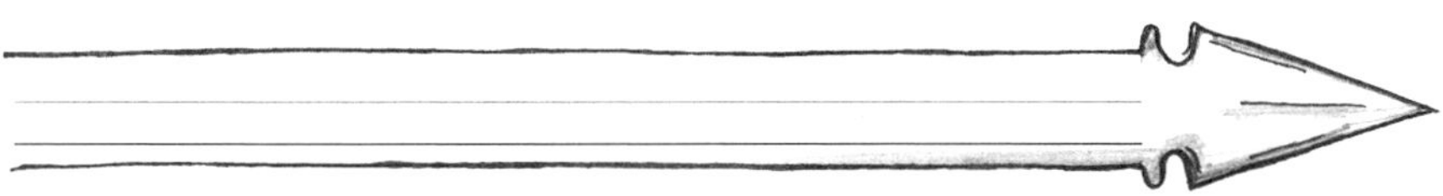

3. Sancho Pansa sagt, dass er friedliebend ist.
Denn er wird höchstens wütend,
wenn man ihn nicht in Ruhe lässt.
Wie würdest du einen friedliebenden Menschen
beschreiben? Wie ist er?
Tausche dich dazu mit einem anderen Kind aus.

4. Hier siehst du die Kutsche. Wer reist darin?
Tipp: Lies dazu auf Seite 37 nach.

a) Schreibe in die Kästchen,
wer in der Kutsche sitzt.

eine schöne ☐☐☐☐ mit einer ☐☐☐☐

b) Male die fehlende Person in die Kutsche.

5. Was ist ein Maultier? Kreuze an.
Tipp: Lies dazu auf Seite 16 nach.

- ❑ Kreuzung zwischen Widder und Ziege
- ❑ Kreuzung zwischen Maulaffen und Gürteltier
- ❑ Kreuzung zwischen Eselhengst und Pferdestute

6. Was sehen die Gefährten? Ergänze die Sätze.

„Siehst du die zwei ____________________?“,

fragte Don Quichotte aufgeregt.

„Nein“, sagte Sancho Pansa,

„ich sehe zwei __________________.“

„____________________ sind es!“, rief der Ritter.

„Und sie entführen in der ____________________

eine ______________________________!“

„Ach wo“, sagte sein Begleiter.

„Das __________________ Sie sich nur __________.“

7. **Wie sieht Don Quichotte die Mönche? Male das Bild weiter.**

8. **Wer macht was? Male die Puzzleteile, die zusammengehören, in einer Farbe aus. Verwende für jedes Paar eine andere Farbe.**

Don Quichotte

reitet ins Feld.

schreien um Hilfe.

Der andere Mönch

sprengt auf
die Gruppe los.

Der erste Mönch
fällt

Die Damen
in der Kutsche

ein Kissen
als Schild.

Ein Reiter benutzt

vor Schreck
vom Esel.

Kapitel 7

Während Sancho Pansa Don Quichottes halbes Ohr mit Salbe bestrich und dann bandagierte*, sagte er gutmütig: „Ritterschaft ist ein anstrengender Beruf, gnädiger Herr. Kämpfen Sie doch, bitte, etwas weniger als bisher! Ich brauche kein Königreich. Ein Ort mittlerer Größe genügt mir.“

* einen festen Verband anlegen

Doch wer sich einbildet, ein Ritter zu sein,
obwohl es keine Ritter mehr gibt,
der erlebt sein blaues Wunder
an jeder Straßenecke.

Einmal befreite Don Quichotte
zwölf gefesselte Sträflinge auf einer Galeere*,
weil er sie für bedauernswerte und zu Unrecht
verhaftete Bürgersleute hielt.
Ein andermal, mitten in der Nacht, überfiel er,
weil er ein dunkles Verbrechen vermutete,
eine Schar frommer Mönche,
die einen Sarg zum nächsten Friedhof trugen.
Und wieder ein andres Mal verwechselte er
eine Hammelherde mit feindlichen Truppen und
spießte mit seiner Lanze sieben Schafe auf.

Wer Schläge austeilt, kriegt auch Schläge.
Er und Sancho Pansa hatten überall
blaue Flecken.
Auch Rosinante und der Esel waren ruhebedürftig.
Und so beschloss man, ein paar Tage
in einem Wirtshaus zu bleiben,
das am Weg lag.
Auch dieses Wirtshaus hielt Don Quichotte
für eine Burg!

* ein großes Ruderschiff

Und weil von der Decke seiner Kammer riesige Weinschläuche herabhingen, träumte er schon in der ersten Nacht, die Burg sei verzaubert und verhext und Riesen und Zauberer kämen in die Kammer, um ihn umzubringen.

Da packte er den Degen, sprang mit einem Satz aus den Federn und hieb und stach auf die prallen Schläuche ein, dass der Rotwein aus allen Löchern und Nähten spritzte.

Sancho Pansa, der Wirt und ein paar Gäste wurden von dem Getöse geweckt, zündeten Kerzen an, gingen dem Lärm nach, rissen die Kammertür auf und erstarrten vor Schreck. Der Fußboden war rot. Der Ritter war rot. Sein Bett war rot.

„Hilfe!“, schrie Sancho Pansa. „Mein Herr wird ermordet!“ Denn er und die Gäste glaubten, der rote Wein sei Blut.

Nur der Wirt wusste es besser und begann zu zetern. „Mein schöner, guter, teurer Rotwein!“, rief er wütend und wollte dem Ritter in den Arm fallen.

Doch der focht wie der Teufel und stieß immer neue Löcher in die Weinschläuche. Erst als sie bis auf den letzten Tropfen leergelaufen waren, konnte man Don Quichotte mühsam zu Bett bringen.

Während die Gäste in ihre Zimmer zurückgingen, sagte der eine:
„Ich habe es deutlich gesehen – der Ritter kämpfte mit geschlossenen Augen! Vielleicht ist er ein Schlafwandler?“
„Nicht dass ich wüsste“, gab Sancho Pansa zur Antwort. „Er war nur müde.“

„Menschen, die müde sind, fechten nicht“, meinte ein anderer. Da sagte Sancho Pansa stolz:
„Wir schon!“

Der Wirt aber jammerte in seiner Stube, bis der Morgen graute.

Fortsetzung folgt

1. Ständig verwechselt Don Quichotte Personen und Gegenstände und hält sie für etwas anderes. Wen oder was hält er wofür? Zeichne es ein. Zeichne jeweils eine Linie mit Pfeilen.

Don Quichotte verwechselt:

Sträflinge auf einer Galeere	Riesen und Zauberer
Mönche	feindliche Truppen
Weinschläuche	Zauberer
Hammelherde	Bürgersleute

2. Was waren Sträflinge auf einer Galeere? Kreuze an.

- ❏ Zebras, die für ihren Zirkusauftritt durch einen leeren Gang laufen müssen
- ❏ hübsche Streifen auf einer großen Vase
- ❏ Verbrecher, die ihre Strafe auf einem großen Ruderschiff verbringen mussten

3. Wenn du wissen möchtest, wozu Weinschläuche gebraucht werden, lies den Text.

Es gibt verschiedene **Behälter für Wein**: Fässer, Flaschen und auch große Schläuche. Früher waren **Weinschläuche** meist **aus Leder**, der besonders verarbeiteten Haut von Ochsen.

4. In der Dachkammer ist einiges los. Sind die Sätze richtig oder falsch? Kreuze an.

	richtig	falsch
Don Quichotte sticht mit dem Degen auf die Weinschläuche ein.	☐	☐
Der Rotwein spritzt aus allen Löchern.	☐	☐
Don Quichotte wird ermordet.	☐	☐
Sancho Pansa findet seinen Herrn blutüberströmt.	☐	☐
Don Quichotte kämpft bis zum letzten Tropfen.	☐	☐

Kapitel 8

Sancho Pansa gab dem Wirt für den vergossenen Rotwein heimlich ein paar Goldstücke, und somit waren alle zufrieden. Der Wirt hatte sein Geld. Der Ritter hatte seine Riesen und Zauberer. Und die Gäste hatten ihren Spaß.

So waren alle damit einverstanden, als Don Quichotte am nächsten Abend verkündete, die Burg müsse des Nachts bewacht werden und er selbst wolle die erste Nachtwache übernehmen.

Als es dunkel wurde, nahm er die Lanze, stieg aufs Pferd und postierte sich im Hof. Pferd und Reiter rührten sich nicht und sahen aus wie ein Denkmal.

Als die anderen schliefen, kletterten Maritorne, das Dienstmädchen, und die Tochter des Wirts kichernd auf den Heuboden, dessen Luke* zum Hof hinaus ging. Dann riefen sie Don Quichotte herbei. Sie erzählten ihm, flüsternd und mit verstellter Stimme, eine abenteuerliche Geschichte.

„Ich bin das Burgfräulein“, wisperte die Wirtstochter, „und, ach, Herr Ritter, ich liebe Euch!“ „Der Burggraf, ihr strenger Vater, hat sie deshalb hier oben eingesperrt“, flüsterte Maritorne.

* Öffnung, kleines Fenster

„Helft mir in den Burghof!“, bat die Wirtstochter. „Hebt mich auf Euer Ross und reitet mit mir davon!“

Don Quichotte wurde angst und bange. Er sagte: „Eure Liebe ehrt mich, edles Fräulein, aber meine Dame ist Dulzinea von Toboso, und ich bin ihr treu!“ Da begann die Wirtstochter zu weinen. Und Maritorne bat: „So gebt ihr wenigstens die Hand zum Abschied!“

Da stieg der Ritter tatsächlich auf Rosinantes Sattel und steckte seine Hand in die Bodenluke. Darauf hatten die zwei Mädchen nur gewartet! Sie warfen eine feste Schlinge über die Hand, banden das Ende des Stricks an einen Dachbalken und rannten lachend in ihre Betten.

Nun stand Don Quichotte also auf seinem Pferd, hatte die Hand in der Schlinge und konnte nicht vor und nicht zurück! Zum Glück war der Gaul müde und verschlafen und rührte sich nicht von der Stelle. Aber die Stunden vergingen langsam.

Fortsetzung folgt

1. **Das Wirtshaus verwandelt sich für Don Quichotte in ein Rittergut.**

a) **Welches andere Nomen (Namenwort) für Rittergut gibt es? Schreibe in die Kästchen.**

b) **Bilde weitere typische Ritter-Wörter, indem du das gesuchte Nomen (Namenwort) mit anderen Nomen zusammensetzt, zum Beispiel mit: ...fräulein, ...graf, ...hof.**

2. **Pferd und Reiter rühren sich nicht und sehen aus wie ein Denkmal. Wie könnte so ein Denkmal von Don Quichotte und Rosinante aussehen? Formt aus Knete oder Ton oder mit Pfeifenreinigern den Ritter auf seinem Ross. Macht eine Ritter-Ausstellung in der Klasse.**

3. Wie lockt die Wirtstochter Don Quichotte Schritt für Schritt in die Falle? Nummeriere die Sätze in der richtigen Reihenfolge.

☐ Die Wirtstochter behauptet, ein Burgfräulein zu sein und Don Quichotte zu lieben. Sie bittet ihn, sie zu befreien.

☐ Sie binden das Ende des Stricks an einen Dachbalken und gehen zu Bett.

☐ Der Ritter steigt auf Rosinantes Sattel und steckt seine Hand in die Bodenluke.

☐ Don Quichotte hat Angst, denn er ist seiner Dulzinea treu.

☐ Die beiden Mädchen werfen eine feste Schlinge über Don Quichottes Hand.

[1] In der Nacht klettern die Wirtstochter und das Dienstmädchen auf den Heuboden.

☐ Das Dienstmädchen überredet den Ritter, dem gefangenen Burgfräulein zum Abschied wenigstens die Hand zu geben.

4. Don Quichotte steht wacklig auf seinem Pferd, den Arm lang nach oben ausgestreckt. Wie schwer das ist, könnt ihr ausprobieren, wenn ihr euch auf ein Bein stellt und einen Arm lang nach oben ausstreckt. Wer schafft es am längsten, so zu stehen?

5. Woran wird Don Quichotte während der langen Zeit am Strick denken? Kreuze die passenden Szenen an.

☐ 

☐ 

☐ 

☐ 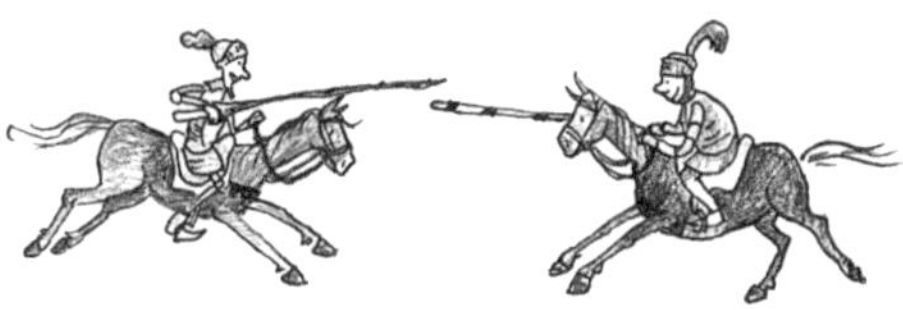

☐ 

6. Wie kann Don Quichotte freikommen? Überlege mit einem anderen Kind. Erfindet gemeinsam eine Fortsetzung. Notiert Stichworte.

Kapitel 9

Die Sonne ging auf. Die Vögel sangen. Don Quichotte stand und konnte sich nicht rühren. Gegen Morgen sprengten vier Reiter in den Hof. Sie und ihre vier Pferde hatten Hunger und Durst. Und die Männer riefen laut nach dem Wirt. Plötzlich bemerkten sie den Ritter, der in voller Rüstung, mit erhobener Hand und mit dem Gesicht zur Wand auf Rosinante stand, und sie wunderten sich sehr.

Auch eines ihrer vier Pferde wunderte sich. Es trabte näher. Da drehte sich Rosinante neugierig um, tat einen Schritt zur Seite – und schon hing Don Quichotte zwischen Himmel und Erde, in der Luft!

Er hing in der Luft und schrie wie am Spieß, weil der Strick nicht nachgab. Maritorne, das Dienstmädchen, lief rasch auf den Heuboden und schnitt den Strick vom Balken. Im gleichen Augenblick fiel der Ritter krachend mitten in den Hof.

Man hob ihn auf und trug ihn ins Bett. Dann wollten alle wissen, wie er denn in die Schlinge und in die Luft geraten sei. Aber er sagte nur, dass ihn gefährliche Zauberer an den Strick gehext hätten.

Und mehr war aus ihm nicht herauszubringen. Mittlerweile wurden er und der kleine Dicke eifrig gesucht. Erstens vom Pfarrer und vom Barbier, ihren Freunden aus dem Heimatdorf, und zweitens von der Polizei. Und weil außer Don Quichotte in ganz Spanien kein anderer Mann als Ritter umhergeritten war, fand man die beiden bald.

Don Quichotte ging es wieder besser, und sie saßen vorm Gasthaus und ließen sich von der Sonne bescheinen. Über das Wiedersehen mit dem Pfarrer und dem Barbier freuten sie sich bis zu einem gewissen Grade, obwohl sie lieber unentdeckt geblieben wären.

Aber über die Ankunft der Polizisten freuten sie sich gar nicht. Wer freut sich schon, wenn ihn die Polizei sucht und findet!

Fortsetzung folgt

1. Vier Reiter kommen in den Hof und sehen Don Quichotte auf dem Pferd stehen. Was könnten sie denken oder sagen? Schreibe für jeden Reiter etwas auf.

2. Plötzlich hängt Don Quichotte zwischen Himmel und Erde. Wie konnte das geschehen? Beantworte die Frage mit einem ganzen Satz.

3. Maritorne rettet Don Quichotte und schneidet den Strick durch. Don Quichotte stürzt heftig. Hier siehst du die Rüstung nach dem Sturz. Manche Teile fehlen. Hilf, die Rüstung zu reparieren. Male die fehlenden Teile hinzu.

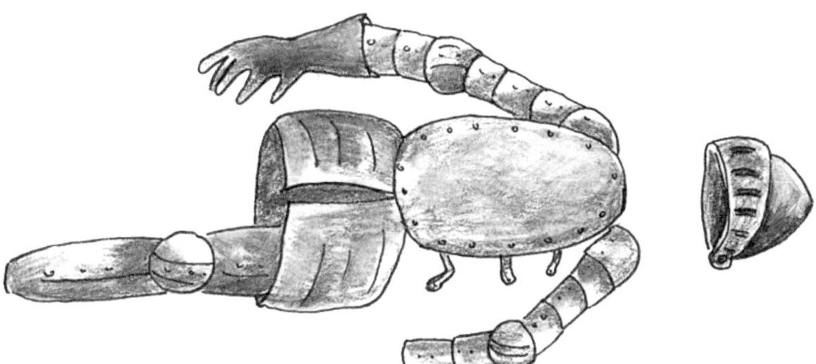

4. Don Quichotte und Sancho Pansa werden gesucht. Wer sucht sie? Kreuze die richtigen Antworten an. Tipp: Lies dazu auf Seite 58 nach.

- ❑ Don Quichottes Haushälterin und ihre Nichte
- ❑ der Barbier und der Pfarrer
- ❑ Frau Pansa ❑ die Polizei ❑ der König

5. Wo werden die Gefährten gefunden? Ergänze den Satz. Wähle die richtigen Wortgruppen aus dem Kasten aus.

an einem Fluss / vor dem Gasthaus / im Regen / in der Sonne

Sie werden ______________________________

______________________________ gefunden.

6. Macht ein Rollenspiel zur Szene vor dem Gasthaus. Bildet Gruppen von 6 Kindern und überlegt:

- **Was sagen Don Quichotte und Sancho Pansa zum Pfarrer und zum Barbier?**
- **Und wie reagieren sie auf die Polizei?**

Kapitel 10

Man wollte Don Quichotte und Sancho Pansa verhaften! Denn sie hätten Galeerensträflinge befreit, sieben Hammel getötet, Eseltreiber verprügelt, reisende Damen belästigt, Kaufleute überfallen, eine Windmühle beschädigt, einen Trauerzug samt Sarg zerstört – kurz, die Polizei wusste recht gut Bescheid.

Der Polizeihauptmann verlas eine lange Liste von schlimmen Anklagen.

Da kam er aber bei Don Quichotte an die falsche Adresse! „Was fällt Euch ein?“, rief der Ritter. „Ich habe Riesen besiegt, Prinzessinnen befreit, Armen geholfen, Zauberer vernichtet und feindliche Armeen in die Flucht geschlagen! Der König sollte mir ein Stück Land schenken, statt Euch zu schicken! Oh, Undank ist der Welt Lohn!“

Da betrachtete ihn der Hauptmann lange, und dann sagte er: „Ihr seid ja verrückt!“

Als er das gesagt hatte, nahm ihn der Pfarrer beiseite und redete leise auf ihn ein. „Ihr habt ganz recht, Herr Hauptmann“, meinte er bekümmert, „mein Freund ist ein bisschen verrückt!“

„Ein bisschen?“, fragte der Hauptmann ärgerlich. „Ein bisschen sehr!“

„Ob nun ein bisschen verrückt oder ein bisschen sehr – das ist doch kein Grund, ihn ins Gefängnis zu stecken“, sagte der Pfarrer.

„Wieso denn nicht?“, meinte der Hauptmann. „Er ist gemeingefährlich. Man muss ihn einsperren. Basta!“, rief er.

„Überlassen Sie ihn mir!“, bat der Pfarrer. „Ich bringe ihn nach Hause. Er war ja nicht immer verrückt. Und vielleicht wird er daheim bei guter Pflege und strenger Aufsicht wieder normal!“

„Und wenn er unterwegs davonläuft?“, fragte der Hauptmann.

„Er wird mir nicht davonlaufen“, antwortete der Pfarrer. „Ich verpfände mein Wort!“

So kam es, dass sich am nächsten Tag ein seltsamer Zug heimwärts bewegte: Auf einem Ochsenkarren stand ein hölzerner Käfig. Darin saß Don Quichotte auf Strohbündeln und mit gebundenen Händen. Und daneben ritten der Pfarrer, der Barbier und Sancho Pansa. Sie gaben acht, dass der Ritter in seinem Käfig sitzen blieb.

Als sie zu Hause angekommen waren, brachten sie Don Quichotte in sein Zimmer und sperrten ihn dort ein. Die Haushälterin und deren Nichte machten es ihm bequem und brachten ihn gleich zu Bett.

Sancho Pansa ging zu seiner Frau und seinen Kindern und gab ihnen einen Kuss. „Was hast du mir mitgebracht?“, fragte nach dem Kuss Frau Pansa. „Einen großen Hunger“, sagte ihr Mann und setzte sich zu Tisch. „Sonst nichts?“, fragte die Frau und war sehr enttäuscht.

„Das nächste Mal wird’s besser“, meinte er. „Das nächste Mal kriegst du eine Insel, oder du wirst Gouverneuse[1].“ „Was soll ich denn mit einer Insel?“, fragte Frau Pansa. „Dafür ist unser Haus doch viel zu klein! Und was ist eine Gouverneuse?“

„Die Frau eines Gouverneurs[2]!“ „Und was ist ein Gouverneur?“ „Der Mann einer Gouverneuse!“ Da sagte Frau Pansa: „Aha! So ist das!“

Fortsetzung folgt

1 sprich: Guwernöse   2 regiert einen Landteil

1. **Die Polizei liest Don Quichotte eine Liste mit Anklagepunkten vor. Gehört Don Quichotte ins Gefängnis oder nicht?**

a) **Sprecht in der Klasse darüber. Versucht Argumente dagegen und dafür zu finden.**

b) **Zeichnet die Tabelle an die Tafel.**

für Gefängnis	gegen Gefängnis
...	...

c) **Schreibt eure Argumente in die Tabelle.**

2. **Don Quichotte verteidigt sich. Was ruft er den Polizisten zu? Ergänze die Sprechblase. Tipp: Lies auf Seite 63 nach.**

Was fällt Euch ein? Ich habe

Riesen ______________________,

Prinzessinnen ______________________,

Armen ______________________,

Zauberer ______________________ und

feindliche Armeen in die Flucht geschlagen!

**3. Don Quichotte ruft zum Schluss noch:
„Undank ist der Welt Lohn!“
Was meint der Ritter damit? Kreuze an.
Tipp: Berate dich mit anderen.**

- ❑ Er meint, dass niemand Dank verdient und sich deshalb auch niemand zu bedanken braucht.
- ❑ Er fühlt sich ungerecht behandelt, weil die Menschen ihm nicht für seine Taten danken, im Gegenteil.

**4. Wer garantiert der Polizei, dass Don Quichotte zu Hause ankommt und unterwegs nicht wegläuft? Kreise ein.
Tipp: Lies dazu auf Seite 64 nach.**

Sancho Pansa

Maritorne

der Pfarrer

der Barbier

5. **Die folgenden drei Aussagen haben alle die gleiche Bedeutung.**

a) **Welche benutzt der Pfarrer, damit die Polizisten ihm glauben sollen? Male die richtige Sprechblase gelb aus.**

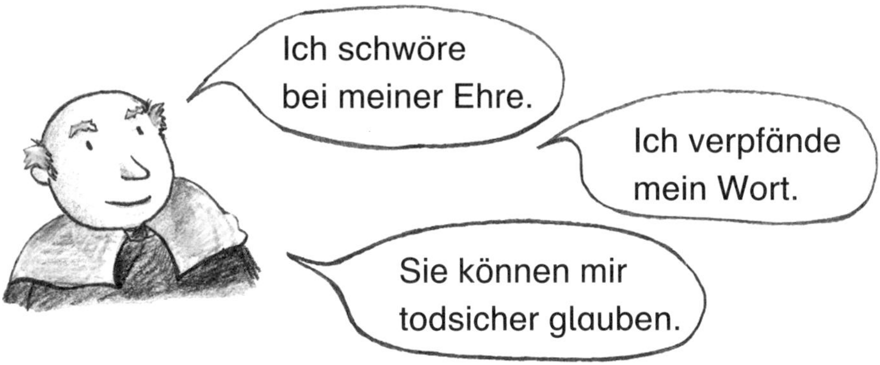

b) **Was würdest du sagen, wenn du unbedingt möchtest, dass dir jemand glaubt? Schreibe in die Sprechblase und male dich dazu.**

6. **Don Quichotte wird in einem Käfig nach Hause gebracht, damit er nicht davonlaufen kann. Wohin kommt Don Quichotte, als er zu Hause ist? Male ihn in das richtige Möbelstück und schreibe einen Satz.**
   Tipp: Du kannst Don Quichotte auch auf ein extra Blatt malen, ausschneiden und aufkleben.

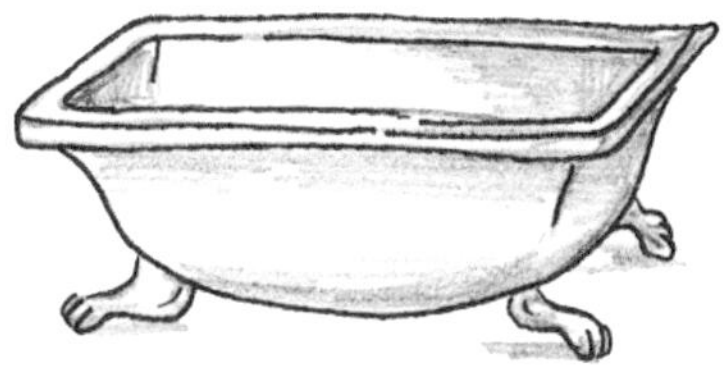

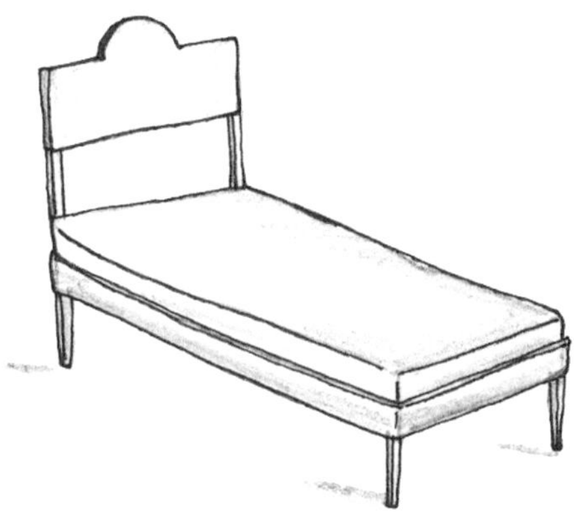

Kapitel 11

Einige Zeit ging alles gut. Don Quichotte blieb zu Hause und kam langsam wieder zu Kräften. Sancho Pansa besuchte ihn täglich. Sie steckten die Köpfe zusammen, tuschelten miteinander, zwinkerten sich zu – und eines schönen Tages waren sie wieder verschwunden!

Diesmal wollten sie nach Saragossa, weil sie gehört hatten, dass in der Stadt ein großes Turnier* stattfinden werde. Daran wollte Don Quichotte selbstverständlich teilnehmen, um als Sieger gekrönt zu werden.

Er wollte pünktlich in Saragossa eintreffen. Doch die Abenteuer liefen ihm nach. Er suchte sie nicht. Aber sie fanden ihn. Und er brachte es nicht fertig, ihnen auszuweichen.

So begegneten sie zum Beispiel drei Löwen, die der General von Oran dem spanischen König als Geschenk schickte. Die Löwen lagen in Käfigen, und der Ritter hätte vorüberreiten können. Doch das ließ sein Mut nicht zu.

Er zwang die Soldaten, den Käfig des größten Löwen zu öffnen. Weil er sie mit seiner Lanze bedrohte, gehorchten sie. Die Soldaten liefen zitternd ins Feld und erwarteten Schreckliches.

* früher: ritterliches Kampfspiel, heute: sportlicher Wettkampf mit mehreren Teilnehmern, oft über mehrere Tage

„Komm heraus, König der Wüste!“, rief Don Quichotte und kitzelte den großen Löwen mit der Lanze. „Lass sehen, wer stärker ist!“ Aber der Löwe wandte nur den mächtigen Kopf, blinzelte ein wenig, gähnte und schlief weiter. Er war zu müde, um sich zu ärgern. Und weil der Ritter wenig Zeit hatte, zog er mit Sancho Pansa weiter.

Am Abend besuchten sie ein Marionettentheater. Don Quichotte griff mit gezogenem Schwert in die Schlacht ein, die auf der Bühne stattfand. Er schlug alles kurz und klein: die Puppen, die Dekorationen und den Samtvorhang!

Die Zuschauer liefen vor Schreck davon, und der Theaterdirektor brachte eine lange, lange Rechnung, die Sancho Pansa zähneknirschend bezahlte.

Fortsetzung folgt

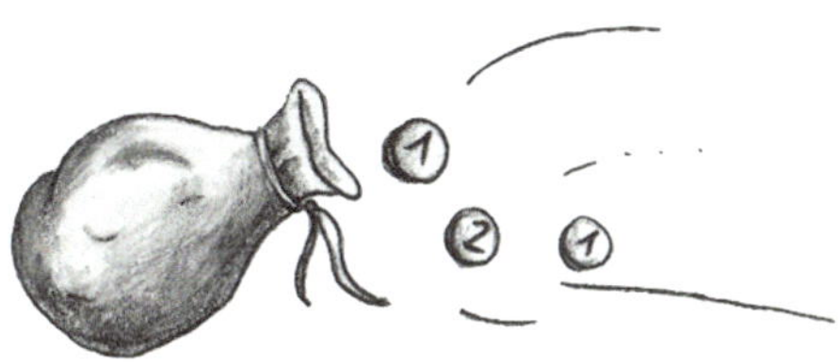

1. **Don Quichotte und Sancho Pansa planen heimlich, wieder neue Abenteuer zu suchen. Wohin wollen sie? Markiere die Stadt in der Karte. Tipp: Lies dazu auf Seite 71 nach.**

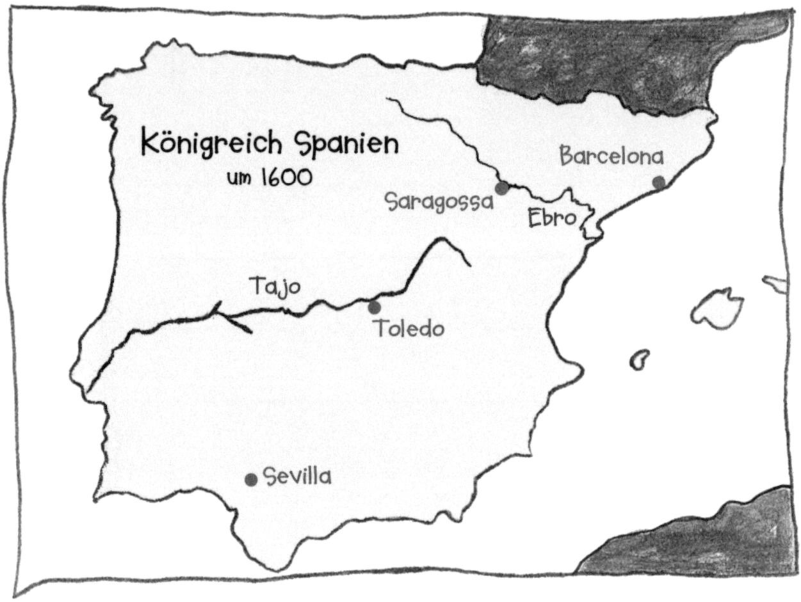

2. **Die beiden begegnen unterwegs drei Löwen. Wie heißt der General, dem die Löwen gehören? Kreuze an.**

- ❑ General von Arun
- ❑ General von Orun
- ❑ General von Uran
- ❑ General von Oran

3. Don Quichotte zwingt die Soldaten, den Käfig des größten Löwen zu öffnen. Was passiert, nachdem der Käfig geöffnet wurde? Schreibe kurze Sätze auf die Linien.

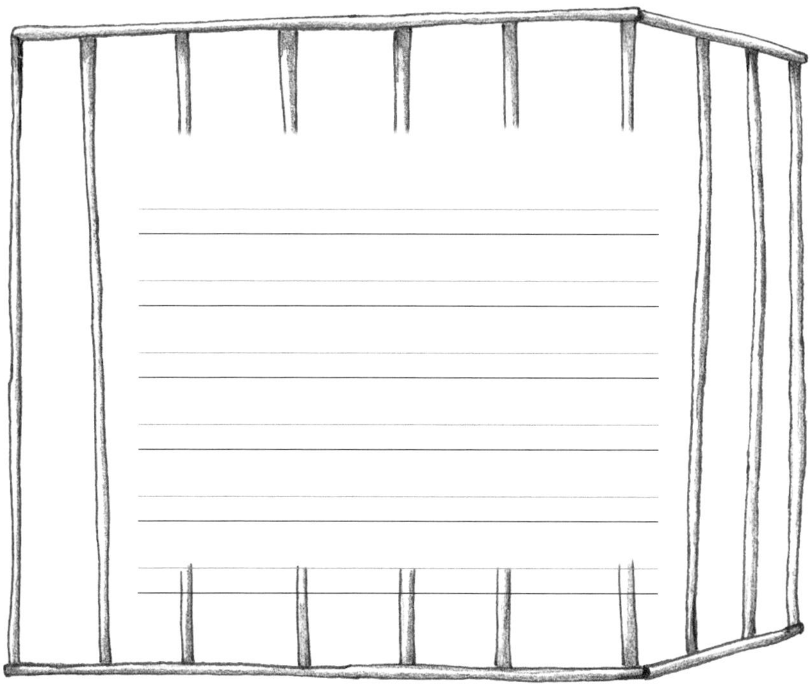

4. Wie nennt Don Quichotte den Löwen? Kreise den richtigen Namen ein.

König von Spanien

König der Wüste

König hinter Gittern

5. **Don Quichotte und Sancho Pansa ziehen ohne Kampf gegen den Löwen weiter. Aber es kommt doch noch zu einem Abenteuer.**

a) **Lies noch einmal auf Seite 72 die Zeilen 40 bis 50.**

b) **Denke dir eine passende Überschrift für das Abenteuer aus. Schreibe sie in den Rahmen.**

____

6. **Was ist das Besondere an einem Puppentheater, in dem mit Marionetten gespielt wird?**

a) **Berate dich mit anderen Kindern. Kreuze die richtige Antwort an.**

- ❑ die Hauptfigur trägt den Namen Marion
- ❑ alle Schauspieler sind nett
- ❑ die Puppen werden von Puppenspielern an Fäden geführt

b) **Warst du schon einmal in einem Marionettentheater? Erzähle davon.**

Kapitel 12

Im Verlauf ihrer Reise nach Saragossa erreichten Don Quichotte und Sancho Pansa schließlich den Fluss Ebro. An dessen Ufer fanden sie ein einsames Fischerboot.

„Siehst du die Barke?“, fragte der Ritter.
„Nein“, antwortete Sancho Pansa, „ich sehe ein Fischerboot, nichts weiter.“
„Die Barke schickt uns ein Zauberer, damit wir sie besteigen und einen gefangenen König oder eine Prinzessin befreien!“

Dem kleinen Dicken half kein Sträuben. Sie banden Pferd und Esel an einen Baum, kletterten in das Boot und trieben auf den Fluss hinaus. Der Esel am Ufer schrie kläglich.

Da sie keine Ruder bei sich hatten, machte die Strömung mit dem Boot, was sie wollte. Und weil in der Nähe eine Wassermühle mit ihren Schaufelrädern arbeitete, geriet das Boot unaufhaltsam in den Sog* des Mühlwassers.

Don Quichotte rief: „Siehst du die Wasserburg?“ Er sprang auf, dass das Boot fast gekentert wäre, und zog sein Schwert. „Es ist eine Mühle“, sagte Sancho Pansa, „und wir werden unter die Räder kommen!“

Inzwischen waren die Müller mit langen Stangen und Rudern vor die Mühle gelaufen, um das Boot zurückzustoßen, sollte es den Schaufelrädern zu nahe kommen.

* eine Saugströmung

Die Müller hatten vom Mehl weiße Gesichter und sahen wie Gespenster aus.

Don Quichotte fuchtelte mit dem Schwert und rief: „Gebt Eure Gefangenen frei! Den König oder die Prinzessin oder wer es sonst ist!“ Und schon schlug er wie ein Besessener auf die Ruder und Stangen los, mit denen die Müller das Boot vor dem reißenden Strudel bewahren wollten. Dabei kenterte das Boot.

Der Ritter und der kleine Dicke fielen ins Wasser. Und sie wären wie die Mäuse ertrunken, wenn nicht ein paar Fischer gekommen wären, die das gestohlene Boot suchten.

Die Fischer zogen die zwei Schiffbrüchigen aus dem Wasser. Sie mussten zusehen, wie Don Quichottes Barke unter die Schaufelräder der Mühle geriet und zu Kleinholz verarbeitet wurde. Wieder musste Sancho Pansa die Reisekasse zücken und bezahlen.

Die Fischer ließen sich das Boot teuer bezahlen. Erst dann brachten sie das seltsame Paar ans Ufer zurück, wo Pferd und Esel geduldig unter dem Baum warteten.

„Ich schäme mich“, sagte der Ritter, „denn wir haben den König und die Prinzessin, oder wer es sonst war, nicht befreien können.“ „Ich schäme mich auch“, sagte Sancho Pansa, „denn wir haben Ihr schönes Geld umsonst ausgegeben.“

Dann legten sie ihre Kleider, den Harnisch und sich selber zum Trocknen in die Nachmittagssonne. Sancho Pansa schlief ein und träumte, er habe seinen Herrn verlassen und reite eiligst nach Hause.

Man träumt mitunter, was man tun möchte, aber in Wirklichkeit macht man es nie.

Fortsetzung folgt

1. **Don Quichotte und Sancho Pansa erreichen das Ufer des Flusses Ebro.**
   Was sieht Sancho Pansa?
   Was sieht Don Quichotte?
   Verbinde jeden der beiden mit dem richtigen Bild.
   Tipp: Lies dazu auf Seite 76 nach.

Dampfschiff

Barke

Tretboot

Fischerboot

2. Wo warten der Esel und Rosinante? Male das Bild weiter und schreibe einen Satz.

3. Don Quichotte und Sancho Pansa haben keine Ruder bei sich. Was passiert? Male um die richtigen Sätze Rahmen.

Sie geraten in den Sog des Wassers von einer Wassermühle.

Hinterhältige Gespenster wollen die beiden Gefährten ertränken.

Sie drohen unter die Schaufelräder der Wassermühle zu kommen.

Fischer retten Don Quichotte und Sancho Pansa vor dem Ertrinken.

4. Was erfährst du über die Müller, die Don Quichotte und Sancho Pansa helfen? Kreuze die richtigen Antworten an.

- ☐ Die Müller versuchen, das Boot mit langen Stangen zu retten.
- ☐ Die Müller sind wütend auf den Ritter und wollen ihn ins Wasser kippen.
- ☐ Die Müller sehen aus wie Gespenster.
- ☐ Die Müller haben Gefangene genommen.

5. Am Ende des Abenteuers sind Don Quichotte und Sancho Pansa beide niedergeschlagen und schämen sich. Aber jeder aus einem anderen Grund. Notiere die Gründe mit eigenen Worten.

Er schämt sich, weil ______________________

______________________________________.

Er schämt sich, weil ______________________

______________________________________.

6. **Sancho Pansa träumt.**
   Male oder schreibe seinen Traum in die Traumwolke.

7. **„Man träumt mitunter, was man tun möchte, aber in Wirklichkeit macht man es nie.“ Hast du so einen Traum auch schon einmal gehabt? Schreibe den Traum in die Wolke. Wenn du so einen Traum noch nicht hattest, schreibe einen Wunschtraum auf.**

Kapitel 13

Don Quichotte und Sancho Pansa ritten eilig auf Saragossa zu und wären wohl auch noch rechtzeitig zu dem großen Turnier gekommen, wenn sie nicht, in der Nacht, einer Bande von vierzig Räubern in die Hände gefallen wären. Der Räuberhauptmann hieß Roque Guinart[1]. Er stammte aus einem vornehmen Haus in Barcelona[2].

1 sprich: Rock Ginaar 2 sprich: Barsselona; Stadt in Spanien

Er wäre gern wieder heimgekehrt und ein braver Mann geworden, aber er hatte zu viel Unheil angerichtet. Der Vizekönig von Barcelona hätte ihn auf der Stelle aufhängen lassen. So musste er bleiben, was er geworden war: ein Räuberhauptmann.

Er war ein trauriger Mann, der es liebte, wenn die anderen lachten. Deshalb schickte er einem alten Freund, dem Don Antonio, einen Boten, der rechtzeitig Don Quichottes Ankunft in Barcelona meldete.

Don Antonio empfing also den Ritter und dessen Diener bereits am Stadttor. Es war am Johannistag[1], der im Hafen und am Ufer mit einer großen Parade[2] gefeiert wurde. Und so glaubte Don Quichotte, dass die wehenden Fahnen und die Salutschüsse seinetwegen zu sehen und zu hören wären.

1 Gedenktag an die Geburt von Johannes dem Täufer am 24. Juni
2 ein feierlicher Aufmarsch

Er glaubte es umso mehr, als ihn die Zuschauer beim Namen riefen. „Hoch, Don Quichotte! Es lebe Don Quichotte! Hurra, Don Quichotte!“

Er grüßte stolz und gerührt, denn er wusste nicht, dass auf seinem Rücken ein Zettel klebte! Don Antonio hatte ihn eigenhändig und heimlich angebracht. Und darauf stand: „Ich bin der tapfere Ritter Don Quichotte! Huldigt mir!“

So dachte Don Quichotte bei sich: Das ist der schönste Tag meines Lebens! Irren ist menschlich. Er wusste nicht, dass es der traurigste Tag seines Lebens werden würde.

Fortsetzung folgt

1. Wie vielen Räubern fallen Don Quichotte und Sancho Pansa in die Hände?
Male den Räuberhut mit der richtigen Zahl farbig aus.

2. Warum ist der Räuberhauptmann traurig?
Kreuze die passenden Sätze an.

- ❑ Er hat zu viel Unheil angerichtet.
- ❑ Sein Pferd ist vor kurzem gestorben.
- ❑ Er muss immer bleiben, was er ist: ein Räuberhauptmann.
- ❑ Wenn er entdeckt wird, wird er aufgehängt.
- ❑ Don Quichotte kann ihn nicht leiden.

3. Was würdest du gern einmal sein? Male dich in den Rahmen.

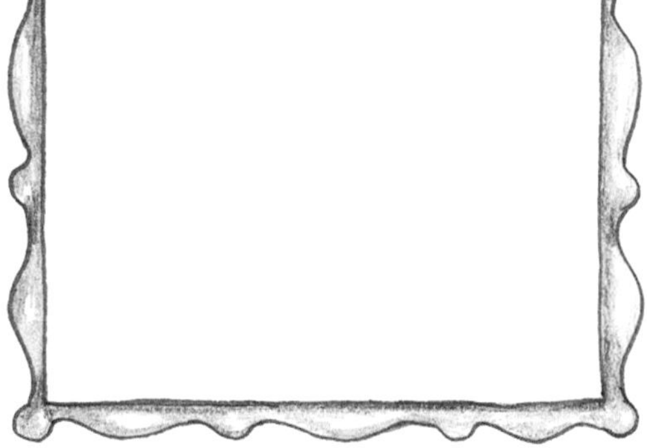

4. Don Quichotte kommt am Johannistag in Barcelona an. Im folgenden Text erfährst du, was an diesem Tag gefeiert wird.

Am **24. Juni** ist **Johannistag**. Dann feiert man in einigen Ländern die **Geburt von Johannes dem Täufer**. In Spanien veranstalten die Menschen lange Paraden. Oft wird auch ein großes Feuer gemacht, das Johannisfeuer.

5. Don Antonio hat Don Quichotte einen Zettel auf den Rücken geklebt.

a) Lies auf Seite 66 nach und notiere, was darauf steht.

b) Was bedeutet es, jemandem zu huldigen? Sprich mit anderen Kindern darüber.

6. Don Quichotte irrt sich.
   Dazu passt die Redewendung:
   Irren ist menschlich.

a) Worin irrt Don Quichotte, als er die Parade sieht und den Jubel hört? Sprecht darüber.

b) Fallen dir andere Situationen ein, auf welche die Redewendung zutrifft? Berate dich mit einem anderen Kind darüber. Schreibe ein Beispiel auf die Linien.

7. Wie wäre es, wenn in der heutigen Zeit plötzlich ein Ritter auftauchen würde?
   Macht eine Wandzeitung dazu:
   - Malt verschiedene Situationen und Orte, wie z. B. Supermarkt, Spielplatz, Schule und Schwimmbad, auf große Blätter.
   - Überlegt, wofür der Ritter die Einkaufswagen, die Klettergerüste und anderes halten könnte. Malt oder schreibt es in Traumblasen dazu.
   - Klebt die einzelnen Bilder auf ein großes Plakat.
   - Hängt eure Wandzeitung auf.

Kapitel 14

Als die Parade vorüber war, begegnete Don Quichotte am Strand ein anderer Ritter! Der hatte einen silbernen Mond im Schild und trug das Visier gesenkt.

Der Ritter vom Silbernen Mond verstellte ihm den Weg und rief:
„Meine Dame ist doppelt so schön wie Eure!“
„Ihr lügt!“, antwortete Don Quichotte.
„Dreimal so schön wie Eure Dulzinea von Toboso!“, rief der Ritter vom Silbernen Mond.

„Das sollen die Waffen entscheiden!“, sagte Don Quichotte. „So sei es!“, rief der andere. „Und der Sieger soll die Zukunft des Besiegten bestimmen!“ Don Antonio wurde zum Schiedsrichter bestellt.

Der Kampf war kurz. Ohne die Lanze einzulegen, sprengte der Ritter vom Silbernen Mond auf die Feldmitte los. Sein Pferd war viel kräftiger und schneller als die dürre Rosinante. Es stieß seinen Kopf in ihre Rippen – und schon lag Don Quichotte im Sand!

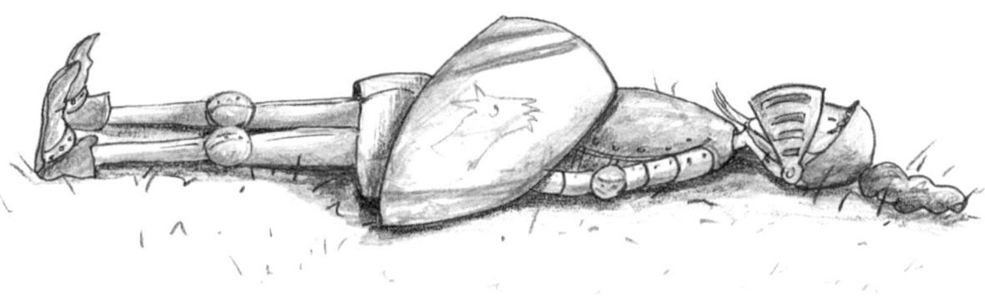

Der Gegner setzte ihm die Lanzenspitze auf die Brust und sagte: „Ich bin der Sieger und befehle Euch, unverzüglich nach Hause zu reiten und für ein Jahr Harnisch und Lanze abzulegen!“ „Ich bin der Besiegte“, sagte Don Quichotte ernst und feierlich. „Ihr habt mein Wort, und ich werde es halten.“

Dann ließ er sich aufs Pferd helfen und ritt, ohne sich umzuwenden, aus Barcelona hinaus. Sancho Pansa trabte mit seinem Esel hinterdrein.

Als sie nicht mehr zu sehen waren, fragte Don Antonio den Ritter vom Silbernen Mond, wer er sei. „Mein Name ist Simson Carrasco“, sagte der andere. „Ich stamme aus Don Quichottes Heimat und bin ein Freund seiner Freunde. Wir waren seinetwegen in Sorge, und sie beauftragten mich, ihn heimzubringen. Deswegen verkleidete ich mich als Ritter. Und deswegen musste ich ihn besiegen.“

„Wird er sein Wort halten?“, fragte Don Antonio zweifelnd. „Don Quichotte hält sein Wort!“, gab Simson Carrasco zur Antwort und ritt in seinen Gasthof, um die Rüstung abzulegen und sein bürgerliches Wams anzuziehen.

Don Quichotte hielt sein Wort. Als sie in einem Wald rasteten, hängte er den Harnisch, die Beinschienen, den Helm, das Schwert und die Lanze an einen alten, mächtigen Baum. Und dann ritten sie traurig nach Hause.

Dort war die Freude groß. Die Haushälterin, der Barbier, der Pfarrer, die Nichte und Frau Pansa empfingen die zwei mit offenen Armen, obwohl sie ohne Königreiche und Reichtümer heimkehrten. „Wir haben euch wieder“, sagten sie fröhlich, „und das ist die Hauptsache!“ So schien alles gut.

Don Quichotte wurde vernünftig und lächelte über seine Abenteuer. Und die Freunde lächelten erst recht. Doch eines Tages legte er sich zu Bett, verabschiedete sich von allen, besonders herzlich von Sancho Pansa, schloss die Augen und wachte nicht wieder auf. Don Quichotte starb mit seinem Traum.

Ende

1. **Don Quichotte wird von einem anderen Ritter zum Zweikampf gefordert.**
   Worüber streiten die beiden Ritter?
   Schreibe jedem einen passenden Satz in die Sprechblase.

2. **Was befiehlt der Sieger dem Besiegten?**
   Schreibe es mit eigenen Worten in die Lanze.

3. Auch in der Niederlage gelten die Ritter-Regeln. Woran wird sich Don Quichotte diesmal halten?

a) Schreibe die Regel in Don Quichottes Lanze.

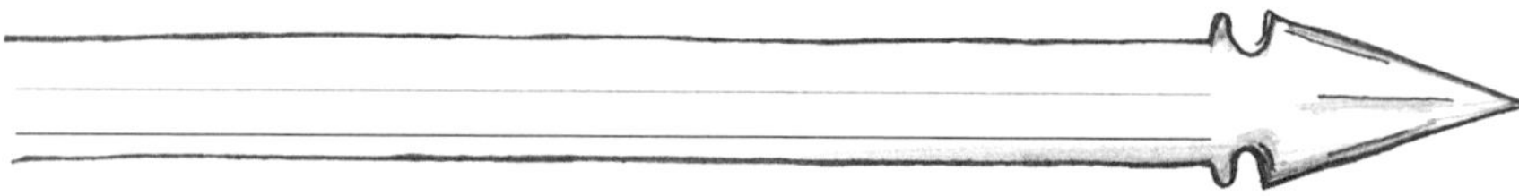

b) Ist es eine Regel, die auch für andere Menschen gelten sollte? Gibt es noch andere Ritter-Regeln, die auch für uns gelten könnten? Unterhalte dich mit einem Erwachsenen darüber.

4. Hier erfährst du etwas über die Autoren von „Don Quichotte“.

Miguel de Cervantes Saavedra hat „Don Quichotte“ erfunden.

Erich Kästner hat die Abenteuer von Don Quichotte für Kinder neu aufgeschrieben.

5. Wie haben dir die Geschichten von Don Quichotte gefallen? Vergib zwischen 1 und 6 Lanzen. Markiere die entsprechende Zahl an Lanzen.

Originaltitel:
Erich Kästner: „Don Quichotte“
Cecilie Dressler Verlag GmbH, Hamburg 1992, Neuausgabe 2001
Die Erstausgabe erschien 1956 im Atrium Verlag, Zürich © Atrium Verlag AG, Zürich 1956

Fotos S. 95:
Miguel de Cervantes Saavedra: Cornelsen Verlagsarchiv
Erich Kästner: Deutsches Historisches Museum, Berlin

Redaktion: lüra – Klemt & Mues GbR
Projektleitung: Susanne Dahlbüdding
Technische Umsetzung: Manuela Mantey-Frempong

www.cornelsen.de

1. Auflage, 1. Druck 2009

Alle Drucke dieser Auflage sind inhaltlich unverändert
und können im Unterricht nebeneinander verwendet werden.

Druck: CS-Druck CornelsenStürtz, Berlin

ISBN 978-3-464-80084-3

Inhalt gedruckt auf säurefreiem Papier aus nachhaltiger Forstwirtschaft.

Lösungen

Don Quichotte

Versuche immer erst, die Aufgabe selbst zu lösen.
Vergleiche dann dein Ergebnis mit den Lösungen und
Lösungsvorschlägen in diesem Heft.

Lösungen und Lösungsvorschläge zu den Aufgaben von Kapitel 1: **1**

1. Das braucht ein Ritter: Rüstung, Lanze, Schild, Schwert, Pferd.

2. Die richtige Antwort ist:
☒ Als Don Quichotte lebte, gab es schon lange keine Ritter mehr.

3. Sicher hast du ein Buch in das Bild gemalt und den Satz so ergänzt: Er könnte das Ritterleben aus **einem Buch** kennen.

4. **a)** Vergleiche deine Lösung mit der Lösung eines anderen Kindes.
b) Viel Spaß und Spannung beim Erzählen!

5. So könntet ihr die Frage beantwortet haben:
Don Quichotte sagt, dass er ein Ritter ist. Für ihn ist es Wirklichkeit. Würde er sagen: „Ich wäre so gern ein Ritter“, dann wäre das ein Wunsch.

Lösungen und Lösungsvorschläge zu den Aufgaben von Kapitel 2: **2**

1.

2. Die richtigen Antworten sind:

☒ die Haushälterin von Don Quichotte
☒ die Nichte der Haushälterin
☒ der Pfarrer ☒ der Barbier

3. Sicher hast du dieses Schild farbig ausgemalt: 

4.

5. Sicher hast du dieses Bild ausgemalt: 

6. a) und b) Hier können wir euch keine Lösungsvorschläge machen.

7.

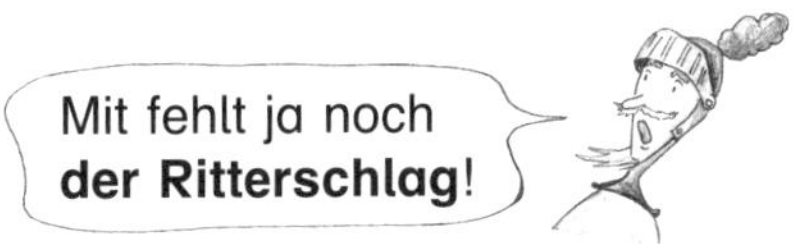

Lösungen und Lösungsvorschläge zu den Aufgaben von Kapitel 3: 3

1. a) und b)

Kneipe — **Kastell**

Wirt — **Burgherr**

Kellnerin — **Schlossfräulein**

2. Don Quichotte **kniete** vor dem Wirt nieder und **bat** diesen, ihn zum **Ritter** zu schlagen, da er vorher weder die **Armen** verteidigen noch die **Bösen** zerschmettern dürfe.

3.

S	t	o	c	k	f	i	s	c	h

4. Sicher hast du einen Strohhalm gezeichnet und dazugeschrieben: Er braucht einen Strohhalm.

5.

	richtig	falsch
Don Quichotte legt die Lanze auf den Viehtrog neben den Brunnen.	❑	☒
Im Arm hält er seinen Helm.	❑	☒
Zwei Eseltreiber kommen zum Brunnen, um ihre Maultiere zu tränken.	☒	❑
Die Eseltreiber greifen den Ritter an.	❑	☒
Don Quichotte schlägt den Eseltreibern mit der Lanze über den Kopf.	☒	❑
Der Wirt schlägt Don Quichotte zum Ritter.	☒	❑

6. a) bis c) Hier können wir dir keine Lösungsvorschläge machen.

Lösungen und Lösungsvorschläge zu den Aufgaben von Kapitel 4:

4

1. Sicher hast du diese Wörter durchgestrichen:
Don Quichotte und Rosinante reiten
durch die ~~**französische**~~ **spanische** ~~**Tiefgarage**~~ **Hochebene**.

2. Das könntest du auf die Linie geschrieben haben:
Rosinante trabt **nach Hause in den Stall**.

3. Sicher hast du diese Denkblase gelb ausgemalt:
Geschrieben hast du:
Er denkt an das Bauernmädchen Aldonza Lorenzo.

4. Sicher hast du diesen Namen aufgeschrieben: Dulzinea von Toboso.

5. Viel Spaß beim Lösen des Zahlenrätsels.

6. und 7. Hier können wir euch keine Lösungsvorschläge machen.

Lösungen und Lösungsvorschläge zu den Aufgaben von Kapitel 5: 5

1. Die richtige Antwort ist:
☒ Er ist krank und muss im Bett bleiben.

2. Eines **schönen** Morgens war Don Quichotte wieder **verschwunden**! Aber diesmal nicht nur er und das **Pferd**, sondern auch sein **Nachbar**, ein verheirateter **Bauer,** mit einem **Esel**.

3. | S | a | n | c | h | o | | P | a | n | s | a |

4. So könntest du den Steckbrief ausgefüllt haben:
Name: **Sancho Pansa**
Körper: **klein und dick**
Verheiratet: ☒ ja ❑ nein
Kinder: ☒ ja ❑ nein
Sonstiges: **ziemlich dumm, isst und trinkt gern**

5. Vergleiche deine Lösung mit der Lösung eines anderen Kindes.
Don Quichotte sieht Riesen, Sancho Pansa Windmühlen.

6. Ritter haben keine **Schmerzen**.

7.
- isst
- isst nichts
- trinkt
- sitzt lange wach
- legt sich hin
- trinkt nichts
- schnarcht
- grämt sich
- träumt von neuen Taten

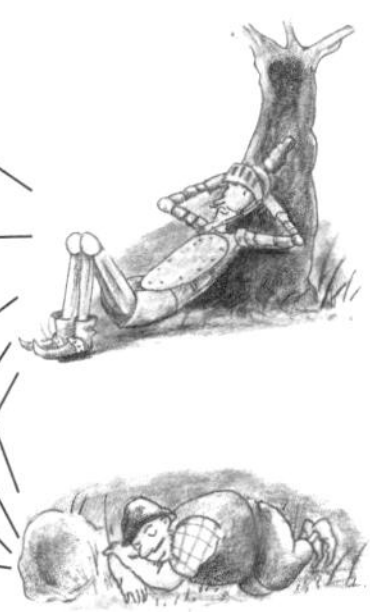

Lösungen und Lösungsvorschläge zu den Aufgaben von Kapitel 6: 6

1. a) und b) ☒  Sie nähern sich dem Meer und sehen einen Hafen.

2. a) und b) und 3. Hier können wir euch keine Lösungsvorschläge machen.

4. a) und b) Sicher hast du die Zofe in die Kutsche gemalt und das Bild so beschriftet:

eine **D a m e** mit ihrer **Z o f e**

5. Die richtige Antwort ist:

☒ Kreuzung zwischen Eselhengst und Pferdestute

6. „Siehst du die zwei **Zauberer**?", fragte Don Quichotte aufgeregt.
„Nein", sagte Sancho Pansa, „ich sehe zwei **Mönche**."
„**Zauberer** sind es!", rief der Ritter.
„Und sie entführen in der **Kutsche** eine **Prinzessin**!"
„Ach wo", sagte sein Begleiter. „Das **bilden** Sie sich nur **ein**."

7. Vergleiche deine Lösung mit der Lösung eines anderen Kindes.

8. Sicher hast du diese Paare gefunden und farbig markiert:

- Don Quichotte — sprengt auf die Gruppe los.
- Der andere Mönch — reitet ins Feld.
- Der erste Mönch fällt — vor Schreck vom Esel.
- Die Damen in der Kutsche — schreien um Hilfe.
- Ein Reiter benutzt — ein Kissen als Schild.

Lösungen und Lösungsvorschläge zu den Aufgaben von Kapitel 7: **7**

1.

Sträflinge auf einer Galeere	Riesen und Zauberer
Mönche	feindliche Truppen
Weinschläuche	Zauberer
Hammelherde	Bürgersleute

(Sträflinge auf einer Galeere ↔ Bürgersleute; Mönche ↔ Zauberer; Weinschläuche ↔ Riesen und Zauberer; Hammelherde ↔ feindliche Truppen)

2. Die richtige Antwort ist:
☒ Verbrecher, die ihre Strafe auf einem großen Ruderschiff verbringen mussten

3. Sicher hast du den Text gelesen und herausgefunden, dass Wein in Weinschläuchen aus Ochsenhaut aufbewahrt wurde.

4.

	richtig	falsch
Don Quichotte sticht mit dem Degen auf die Weinschläuche ein.	☒	❑
Der Rotwein spritzt aus allen Löchern.	☒	❑
Don Quichotte wird ermordet.	❑	☒
Sancho Pansa findet seinen Herrn blutüberströmt.	❑	☒
Don Quichotte kämpft bis zum letzten Tropfen.	☒	❑

Lösungen und Lösungsvorschläge zu den Aufgaben von Kapitel 8:

8

1. a) Burg

   b) Mehrere dieser zusammengesetzten Nomen könntest du aufgeschrieben haben: Burgfräulein, Burggraf, Burghof, Burgfest, Burggraben, Burgschloss, Burgverlies …

2. Hier können wir euch keinen Lösungsvorschlag machen.

3. [2] Die Wirtstochter behauptet, ein Burgfräulein zu sein und Don Quichotte zu lieben. Sie bittet ihn, sie zu befreien.

   [7] Sie binden das Ende des Strickes an einen Dachbalken und gehen zu Bett.

   [5] Der Ritter steigt auf Rosinantes Sattel und steckt seine Hand in die Bodenluke.

   [3] Don Quichotte hat Angst, denn er ist seiner Dulzinea treu.

   [6] Die beiden Mädchen werfen eine feste Schlinge über Don Quichottes Hand.

   [1] In der Nacht klettern die Wirtstochter und das Dienstmädchen auf den Heuboden.

   [4] Das Dienstmädchen überredet den Ritter, dem gefangenen Burgfräulein zum Abschied wenigstens die Hand zu geben.

4. Hier können wir euch keinen Lösungsvorschlag machen.

5. Vergleiche deine Lösung mit der Lösung eines anderen Kindes.

6. Hier können wir euch keinen Lösungsvorschlag machen.

Lösungen und Lösungsvorschläge zu den Aufgaben von Kapitel 9: **9**

1. Vergleiche deine Lösung mit der Lösung eines anderen Kindes.
2. So könntest du die Frage beantwortet haben:
   Als sich Rosinante nach dem Pferd umdreht,
   macht sie einen Schritt zur Seite.
3. Vergleiche deine Lösung mit der Lösung eines anderen Kindes.
4. Die richtigen Antworten sind:
   ☒ der Barbier und der Pfarrer
   ☒ die Polizei
5. Sie werden **vor dem Gasthaus** gefunden.
6. Viel Spaß beim Rollenspiel!

Lösungen und Lösungsvorschläge zu den Aufgaben von Kapitel 10: **10**

1. **a) bis c)** Hier können wir euch keine Lösungsvorschläge machen.
2. 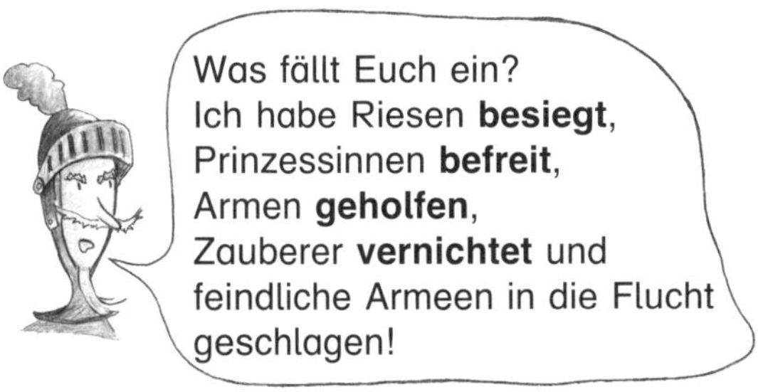

3. Die richtige Antwort ist:
   ☒ Er fühlt sich ungerecht behandelt, weil die Menschen ihm nicht für seine Taten danken, im Gegenteil.
4. Sicher hast du diese Person eingekreist:

der Pfarrer

5. a) Sicher hast du diese Sprechblase gelb ausgemalt:

> Ich verpfände mein Wort.

b) Hier können wir dir keinen Lösungsvorschlag machen.

6. Sicher hast du Don Quichotte in dieses Möbelstück gemalt und diesen Satz geschrieben:

Don Quichotte kommt ins Bett.

Lösungen und Lösungsvorschläge zu den Aufgaben von Kapitel 11: 11

1.

2. Die richtige Antwort ist: ☒ General von Oran

3. Diese kurzen Sätze könntest du auf die Linien geschrieben haben:
Der Ritter kitzelt den Löwen mit der Lanze.
Der Löwe blinzelt, gähnt und schläft wieder. Der Ritter zieht weiter.

4. Sicher hast du diesen Namen eingekreist: (König der Wüste)

5. a) Hier können wir dir keinen Lösungsvorschlag machen.
b) Vergleiche deine Lösung mit der Lösung eines anderen Kindes.
Mögliche Überschriften sind:
Die Schlacht gegen Puppen, Don Quichotte auf der Bühne,
Das Ende einer Theatervorstellung.

6. a) Die richtige Antwort ist:
☒ die Puppen werden von Puppenspielern an Fäden geführt
b) Viel Spaß beim Erzählen.

Lösungen und Lösungsvorschläge zu den Aufgaben von Kapitel 12: 12

1. Sicher hast du so verbunden:

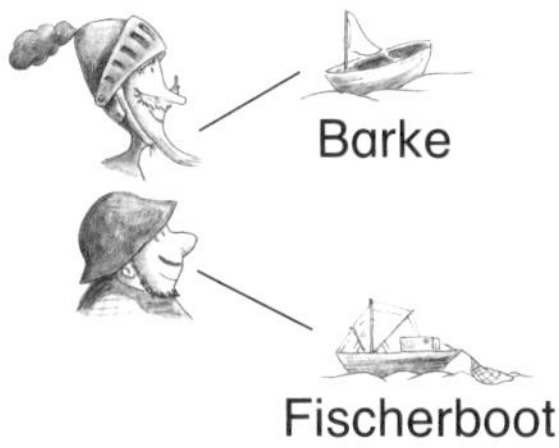

2. Sicher hast du einen Baum in das Bild gemalt und aufgeschrieben:
Sie warten festgebunden unter einem Baum.

3. Sicher hast du um diese Sätze einen Rahmen gemalt:

Sie geraten in den Sog des Wassers von einer Wassermühle.

Sie drohen unter die Schaufelräder der Wassermühle zu kommen.

Fischer retten Don Quichotte und Sancho Pansa vor dem Ertrinken.

4. Die richtigen Antworten sind:
☒ Die Müller versuchen, das Boot mit langen Stangen zu retten.
☒ Die Müller sehen aus wie Gespenster.

5. Diese Gründe könntest du notiert haben:

Er schämt sich, weil **er den König und die Prinzessin nicht befreien konnte.**

Er schämt sich, weil **er das Reisegeld umsonst ausgegeben hat.**

6. Vergleiche deine Lösung mit der Lösung eines anderen Kindes.

7. Hier können wir dir keinen Lösungsvorschlag machen.

Lösungen und Lösungsvorschläge zu den Aufgaben von Kapitel 13: 13

1. Sicher hast du diesen Räuberhut farbig ausgemalt:

2. Die passenden Sätze sind:
   ☒ Er hat zu viel Unheil angerichtet.
   ☒ Er muss immer bleiben, was er ist: ein Räuberhauptmann.
   ☒ Wenn er entdeckt wird, wird er aufgehängt.

3. Hier können wir dir keinen Lösungsvorschlag machen.

4. Sicher hast du den Text über den Johannistag gelesen.

5. **a)** Sicher hast du auf dem Zettel notiert:

   Ich bin der tapfere Ritter
   Don Quichotte!
   Huldigt mir!

   b) Huldigen bedeutet, seinem Herrn oder auch dem Staat Treue zu schwören.

6. **a)** Don Quichotte glaubt irrtümlicher Weise, dass die Menschen ihm wegen seiner Taten zujubeln.
   b) Hier können wir dir keinen Lösungsvorschlag machen.

7. Hier können wir euch keinen Lösungsvorschlag machen.

Lösungen und Lösungsvorschläge zu den Aufgaben von Kapitel 14:

14

1. Das könntest du in die Sprechblasen geschrieben haben:

2. Das könntest du in die Lanze geschrieben haben:

Er soll sofort nach Hause reiten.

3. a) An diese Regel wird sich Don Quichotte diesmal halten:

Ein Ritter hält Wort.

b) Hier können wir dir keinen Lösungsvorschlag machen.

4. Sicher hast du den Text über Miguel de Cervantes Saavedra und Erich Kästner gelesen.

5. Hier können wir dir keinen Lösungsvorschlag machen.

Inhaltsverzeichnis

Auf Seiten mit diesem Bild findest du Aufgaben.

Don Quichotte

Ein Leseprojekt
nach dem
gleichnamigen Kinderbuch
von
Erich Kästner

erarbeitet
von
Katja Eder

Illustrationen
von
Barbara Korthues

Cornelsen